Lass dich nicht hypnotisieren!

Warnung vor Mandalas, Fantasiereisen und Meditation

Reihe Orientierung, Band 22

SAMENKORN

1. Auflage 2013
Text und Herausgeber: Dr. Lothar Gassmann
Christlicher Schriften- und Liederverlag SAMENKORN

ISBN 978-3-86203-097-2

Inhalt

Ein aktuelles Beispiel

Vor einiger Zeit sandte mir ein Freund aus der Hamburger Gegend einen Brief. Diesen hatte er an die Lehrerin einer Klasse geschickt hat, bei welcher sein Sohn Unterricht hat. Darin schrieb er Folgendes:

> Sehr geehrte Frau X,
> wie mir mein Sohn Christian berichtete, nimmt er gern an Ihrem Unterricht teil, wofür ich Ihnen danke. Wie er mir jedoch berichtete, geben Sie den Kindern in Ihrem Unterricht zur Aufgabe, Mandalas zu malen oder auszumalen.

Zur Erklärung: Mandalas sind kreisförmige Bilder, bei alles auf einen Mittelpunkt konzentriert ist und nach außen in alle Richtungen die gleichen Aspekte zu sehen sind.

Im Brief heißt es weiter:

> Auf den Hinweis meines Sohnes, dass uns als Eltern dies nicht recht ist, haben sie Christian eine 6 für Arbeitsverweigerung angedroht. Dies bedrückt ihn sehr, weil er sonst recht annehmbare Noten bei Ihnen erhalten hat. Es wäre sicher von uns als Eltern nicht gut, dies ungeprüft so zu glauben, wie es in der Formulierung unseres Jungen an uns herangetragen wurde. Ich bitte Sie deshalb freundlich, uns mitzuteilen, wie der Vorgang sich aus Ihrer Sicht verhält. Was sind Mandalas? Warum sollen die Kinder diese malen? Die Literatur weist unter anderem hin auf Tibet, auf Hexenkult sowie auf den Buddhismus. Wir betreiben keinen Hexenkult, sind auch keine Buddhisten. Ich bitte Sie deshalb, bis zur Klärung unserer Fragen darauf zu verzichten, Druck auf Christian auszuüben, sollte dies so gewesen sein. Wir sind evangelische Christen und wollen keine anderen religiösen Handlungen, weder Scientology noch Buddha oder Voodoo, weder

> Hexenkult noch die Rituale der indianischen Schamanen, also Zauberer, siehe Grundgesetz, Artikel 4, Absatz 1 und 2. ...

Mit der Lehrerin gab es dann Gespräche mit der Bitte, solche Praktiken abzustellen. In anderen Schulen ist es ähnlich. Oft werden die Kinder gezwungen, solche Praktiken mitzumachen.

»Aber man muss die Kinder doch irgendwie beruhigen ...«

In einigen Schulen ist es so, dass Lehrer oft verzweifelt sind angesichts der heutigen Schülerinnen und Schüler. Kinder waren schon immer nicht unbedingt nur »Engel«, was wir sicherlich auch noch aus unserer eigenen Jugendzeit wissen. Aber heute sind viele Kinder, angeheizt durch die ständige Berieselung durch Computerspiele und Massenmedien, besonders wild im Unterricht. Die Lehrer sind dann oft verzweifelt und greifen zu »Entspannungsübungen« unterschiedlicher Art.

Ich will niemandem böse Absichten unterstellen, der diese Dinge einsetzt. Lehrerinnen und Lehrer sind oft genauso ahnungslos wie die Schüler über das, was da auf sie zukommt. Man wendet Entspannungsübungen, Wahrnehmungsübungen, Körper- und Atemübungen an. Es kommen manchmal sogar Yoga, Autogenes Training, Qi Gong, Tai Chi und andere fernöstliche Praktiken zum Einsatz. Man soll sich dabei entspannen, meditieren, liegende Achten malen, auf Linien balancieren, auf Flächen starren und auf Kerzenflammen sich konzentrieren. In vielen Schulen nehmen diese Dinge zu.

Die Einen sagen, das seien alles harmlose Stilleübungen, die Stress und Ängste abbauen sollen.

Andere meinen, dies sei ein Einfallstor für okkulte Mächte. Die Forschungen auf diesem Gebiet sind noch nicht sehr weit fortgeschritten und werden auch behindert, wie es etwa der Pädagoge Professor Reinhard Franzke in Hannover erleben musste. Er bekam an der Universität keine finanziellen Mittel und Forschungsmöglichkeiten für diese Dinge, weil es als »mittelalterlich« gilt, wenn man noch an Dämonen und solche Mächte glaubt und davon ausgeht, dass sie wirklich existieren. Aber diejenigen unter uns, die die Bibel kennen, wissen, dass diese Mächte nicht Illusion oder Einbildung sind, sondern Realitäten, von denen schon Jesus Christus ausgegangen ist, indem er diese Dämonen ausgetrieben hat.

Wie eine Stilleübung ablaufen kann ...

Nachfolgend ein Beispiel, wie eine Stilleübung ablaufen kann: Die Eltern bzw. Kinder werden gebeten, sich in einen Kreis zu setzen. In einer Zeitschrift hieß es übrigens, dass schon der Kreis ein okkultes Symbol sei, was völlig missverständlich interpretiert wurde. Sicherlich kann der Kreis als okkultes Symbol gebraucht werden, aber nicht jeder Sitzkreis ist okkult.

Bei den Übungen kann man sich also in einen Kreis setzen oder auf den Boden legen. Der Raum wird dann oft abgedunkelt und Kerzenlicht angezündet. Das muss nicht immer so sein, ist aber eine mögliche Form. Man soll zunächst nichts reden und es sich bequem machen, die Augen schließen und vor allem sich entspannen, die Gedanken loslassen und sich ganz fallenlassen. Dann wird meditative, sehr langsame, beruhigende Musik eingespielt, die mehrfach wiederholt wird, wie man es auch aus fernöstlichen Musikrichtungen kennt. Es gibt ganz besondere Instrumente, bei welchen langsam gezogene Töne eingesetzt werden, durch die man in Trance hineinkommt. Und dann wird oftmals ein Text vorgetragen mit einer suggestiven, fast schon einschläfernden Stimme, damit man sich »ganz ruhig fühlt«.

So wird zum Beispiel gesagt: »Stellt Euch einmal vor: Ihr verlasst jetzt diesen Raum, geht durch einen Tunnel hinaus durch das Dach in ein fernes Land - oder sogar auf einen anderen Planeten - und erlebt dort Begegnungen mit irgendwelchen Tieren, Personen oder Geistwesen.«

Alles das ist schon vorgekommen und wird oft verwendet. Man konzentriert sich zum Beispiel auf den Bauch. Dies ist ja aus dem Buddhismus bekannt. Die Konzentration auf den Bauch hängt mit dem Nabel-Chakra zusammen, der Lotusblume, die angeblich im Nabel sitzt. Bei Chakren (Lotusblumen) handelt es sich um okkulte Meditationszentren im Körper, die am Kehlkopf, zwischen der Stirn und der Nasenwurzel, am Herzen, am Nabel und am Geschlechtsorgan sitzen sollen. Solche Konzentrations-Übungen werden intensiv durchgeführt. Dabei soll man oftmals ein Mandala malen oder ausmalen.

Der äußere Rahmen ist wichtig

Aber zunächst wollen wir noch einmal sammeln, nachdem wir dieses eine Beispiel betrachtet haben, welche Elemente, welche Einzelteile verwendet werden können. Wichtig ist der abgedunkelte, stille Raum, oft auch die Kerze, die dabei eine Rolle spielt. Hinzu kommt die meditative Musik zur Versenkung. Entscheidend ist, dass man es sich bequem macht, dass man die Augen schließt und den eigenen Atem kontrolliert und beobachtet, die Gedanken und Sorgen loslässt, die Muskeln entspannt (oder auch anspannt) und sich dann konzentriert auf einen bestimmten Punkt zum Beispiel – oder auf irgendein Symbol, welches aufgestellt wird. Es kann sogar manchmal ein Kreuz sein. Dieses kann auch dazu dienen, zur Meditation zu gelangen – oder man sollte eher sagen: Es kann dazu missbraucht werden.

Ferner soll man Stille hören lernen oder bei geschlossenen Augen sehen lernen, die Augen schließen und dann eben die Fantasie schweifen lassen. Die Aufmerksamkeit soll von außen nach innen gelenkt werden. Man blickt durch das dritte Auge in die höheren Welten. Diese suggestiven Formeln sollen dazu führen, dass man sich völlig loslässt.

Wichtig sind die Begriffe Visualisierung und Imagination. Dies hängt beides mit Schauen, mit Sehen, zusammen und leitet sich von den bekannten Begriffen »Vision« und »imaginär« ab. Bei der Visualisierung stellt man sich in seiner Fantasie gewisse Dinge vor: Wesen, Reisen, Blumen, Tiere, Wolken, die einen woanders hinführen.

Wozu soll das Ganze dienen?

Dazu müssen wir in die Literatur schauen – und das hat z.B. Professor Reinhard Franzke ausführlich getan in seinen zwei Schriften »Stilleübungen und Fantasiereisen« und »Was ist Schamanismus?«. Franzke zitiert Helga und Hubert Teml (Komm mit zum Regenborgen, Linz 1996, S. 14. 42) , die sagen: »Hier wird durch körperliche und geistige Entspannung der Weg in die Innenwelt und in einen tranceartigen Zustand angeregt. Entspannung ist dabei Hilfe, um in tiefere Bewusstseinsebenen zu reisen ... Jede echte Fantasiereise führt ein Stück weit in Trance und in eine andere Erlebniswelt.«

Trance ist eine Art Selbstversenkung, durch welche man die Außenwelt immer mehr vergisst, sich auf das Innere konzentriert und sich dadurch auf eine »Reise« begibt. Es geht um die außerkörperliche Reise, das Verlassen des Körpers, wie auch von einigen Autoren offen zugegeben wird. Hier kommt es dazu, dass der Geist oder die Seele – wie man es auch nennen will – aus dem Körper heraustritt. Dies geschieht durch ein »Loch« oder eine »Tür«, durch die man den Körper verlässt.

Mandalas dienen als Hilfsmittel zu dieser Visualisierung durch die bildhafte Konzentration auf den mittleren Punkt im Mandala. Man zeichnet praktisch immer auf die Mitte zu oder von der Mitte her. Es konzentriert sich alles auf diesen Punkt. Das dient dazu, das innere Auge darauf zu richten, dass der Mensch durch diese Versenkung den Körper verlassen und in die geistigen Welten eindringen kann. So heißt es zum Beispiel in einem Buch mit dem Titel »Meditation für Kinder« von Deborah Rozman (Freiburg 1996, S. 166), das auch für die Schulen verwendet wird, über Mandalas:

> Jetzt setz dich aufrecht in Meditationshaltung hin und konzentriere dich mit Herz und Geist auf das Zentrum des Mandalas. Richte wirklich alle deine Aufmerksamkeit auf jenes Zentrum. Du fühlst dich, als würdest du da herein gezogen ... Stell dir vor, dass du einen langen Tunnel entlang in das Zentrum hineinwanderst. Du gehst direkt in das Zentrum hinein, durch dieses Zentrum hindurch und kommst auf der anderen Seite in das reine Licht hinaus.

Was für ein Licht das ist und welche Lichtwelt sich dahinter verbirgt, werden wir noch sehen. Wichtig war jetzt die Beobachtung, dass man auf der anderen Seite wieder heraus in das reine Licht tritt, also eine Lichtwelt, eine geistige Welt, in die das Kind oder der

Mensch treten sollte, der auf diese Weise meditiert. Die Kinder sollen dabei blitzschnell an einen anderen Ort reisen, mit dem fliegenden Teppich, einem Zauberpferd, einer Zauberkugel oder ähnlichem. Und diese Reisen führen nun entweder nach oben oder nach unten, was auch deutlich geschrieben und gesagt wird. Zum Beispiel nach oben auf einen Berg, ins Universum oder auf andere Planeten. Oder nach unten auf den Meeresgrund oder in das Innere der Erde hinein.

Interessant zu beobachten ist dabei auch, dass die Kinder stets auf dem gleichen Weg zurückkehren, weil ein Umweg gefährlich sein könnte. Also so, wie sie herausgereist sind, durch das Dach und über diesen Platz hinüber und dann in dieses Land – so sollen sie auch genau wieder zurückkommen. Es gab nämlich immer wieder Fälle, bei denen Menschen unter Hypnose nicht mehr zurückgefunden haben. Sie haben Schaden genommen und konnten nicht mehr aus Trancezuständen zurückgeholt werden. Deshalb wird vorgeschrieben, dass man auf dem gleichen Weg in den Körper zurückkehren muss.

Was sind Mandalas?

Professor Franzke definiert in Anknüpfung an Formulierungen in der esoterischen Literatur Mandalas folgendermaßen:

> Mandalas sind Hilfsmittel fernöstlicher Meditation, die spirituelle (also geistige. Verf.) bzw. religiöse Erfahrungen von der Einheit aller Dinge, dem Einssein des Menschen mit dem Universum ermöglichen (sollen). Sie werden betrachtet als `Tore zum Göttlichen` (also nicht: zum persönlichen Gott; L.G.), zur ´transzendenten Ebene`, zur ´Astralebene`; sie sind

> Gleichnis einer ´Reise zu den Göttern`, einer ´Reise der Seele ... ins Zentrum der absoluten Wirklichkeit« (R. Franzke, Stilleübungen und Fantasiereisen, Hannover, 8. Aufl. 2000, S. 67).

Deutlich warnt Prof. Franzke:

> Es besteht der begründete Verdacht, dass Stilleübungen, Fantasiereisen und Mandalas in Wahrheit Anleitungen und Hilfsmittel zur außerkörperlichen Seelen- oder Astralreise (also Sternenreise. Verf.) sind und die Kinder in unseren Schulen und Kindergärten lernen sollen, mit der Seele den Körper zu verlassen (ebd., S. 24).

Man kann natürlich behaupten, dass ein Mandala ja nur ein Bild ist und wir es nur mit den Farben ausmalen lassen. Aber es stellt sich natürlich die grundlegende Frage, ob wir Elemente prinzipiell aus ihrem Zusammenhang, in dem sie entwickelt wurden, lösen können. Also wenn dieses Mandala, die Mal-Technik und die Bilder im buddhistischen Bereich als Meditationssymbole entwickelt wurden, kann man diese überhaupt daraus lösen? Kann man dann »christliche« Mandala-Bücher herausbringen, wie es plötzlich in evangelikalen Verlagen geschieht? Oder ist es überhaupt nicht möglich, die Methoden aus dieser Wurzel herauszulösen? Ich bin da äußerst skeptisch.

Wir haben so viele gute Bilderbücher, auch biblische Geschichten zum Ausmalen - warum müssen heute in Schulen und sogar in christlichen Kreisen ausgerechnet Mandalas gemalt werden, wo man doch genau weiß, dass dies aus dem Buddhismus kommt und die Zielsetzung der außerkörperlichen Reise beinhaltet? Man spielt hier mit dem Feuer. Ich möchte aber nicht sagen, dass jedes Kind okkult besessen wird, wenn es ein Mandala ausmalt. In diese Panik sollten wir nicht geraten. Aber es besteht immer die Gefahr, dass der Geist des Menschen sich den Kräften öffnet, die in dieser gefährlichen »Lichtwelt« anzutreffen sind, auf die ich noch weiter jetzt eingehen muss.

Kontakt mit Geistwelten

Und zwar wird offen gesagt, dass die weitere Zielsetzung auf dieser Astralreise ist, in Kontakt zu treten mit unsichtbaren Wesen und Mächten. Die Kinder sollen mit der »Lebensenergie« in Kontakt kommen, mit der »göttlichen Energie«, wie sie immer wieder verharmlosend genannt wird, mit dem »Lebensgeist« oder Ähnlichem.

So schreibt Gisela Preuschoff (Kinder zur Stille führen, Freiburg 1996, S. 19):

> Stilleübungen gleichen uralten Methoden ... sich in andere Bewusstseinszustände zu versenken und durch Stille neue Erfahrungen zu machen. Immer waren diese Erfahrungen mit Geistern, Göttern oder dem großen Geheimnis verbunden, mit etwas, was höher ist als alle Vernunft.

Hier wird ganz deutlich zugegeben, dass es um die Kontaktaufnahme mit geistigen Wesenheiten geht - nicht mit Gott, sondern mit »Göttern«, wie Preuschoff offen schreibt. Fast immer werden die Kinder aufgefordert, ein geistiges Wesen sich vorzustellen, eine imaginäre Person. Und diese Wesen sind angeblich Weise, Meister, Freunde, Helfer, Begleiter, Verbündete oder Berater. Die Kinder sollen sie begrüßen, bitten, verehren, verabschieden und sie sollen mit Steinen, Bäumen, Tieren, Pflanzen, Engeln, Feen, Elfen, Einsiedlern, Wichteln, Waldgeistern, Zwergen, Riesen, mit schemenhaften Gestalten und all diesen Dingen reden (vgl. R. Franzke).

Diese Kobolde und Gestalten sind - aus christlicher Sicht betrachtet – keineswegs neutrale Größen, sondern es sind dämonische Wesenheiten, die als Waldgeister, Zwerge, Riesen und ähnliches auftreten. Auch Märchen sollte man nicht einfach kritiklos sehen. Wir haben so viele biblische gute Geschichten und müssen uns nicht unbedingt die unheimlichen Märchengeschichten zu Gemüte führen. In Märchen finden sich viele okkulte Elemente - vom Zauberspiegel angefangen – , was oft verharmlost wird.

Das Problem bei diesen Fantasiereisen ist auch, dass dabei nicht nur positive Begegnungen stattfinden. Es ist ja z.B. die Rede von Kobolden und Waldgeistern. Dies wird auch zugegeben, etwa bei Rozman (ebd., S. 167):

> Dabei machen Kinder und Erwachsene (manchmal) erschreckende Erfahrungen. Vielleicht sehen wir, wie in Träumen oder Alpträumen, Monster oder Teufel [...] Monster oder böse Mächte, die uns angreifen.

Die »Unendliche Geschichte« als Fantasiereise

Es gibt einen sehr bekannten Autor, der solche Fantasiereisen geradezu in Literatur umgesetzt hat: Michael Ende mit der »Unendlichen Geschichte«. Darin wird ein Junge beschrieben, der sich auf den Dachboden begibt, zu lesen beginnt und in seiner Fantasie plötzlich selber nach Fantasien, in das Fantasieland eintritt. Und dann ist der Junge plötzlich selber eine mächtige Gestalt in Fantasien. Er tritt in Kontakt mit bösen und guten Mächten und allen möglichen Geistwesen.

Man muss wissen: Wer war Michael Ende? Als seine Inspiratoren, seine Vorbilder, hat er zwei Personen bezeichnet: Rudolf Steiner und Aleister Crowley. Von beiden ist er geprägt. Beide waren Mitglieder im OTO, im »Ordo Templi Orientis« (Orientalischer Templerorden), einem Hochgrad-Freimaurer-Orden. Steiner ist ja bekannt als der Begründer der Anthroposophie und Crowley als der führende Satanist im 20. Jahrhundert (und auch Inspirator für die Rolling Stones und andere Hardrock-Gruppen). Rudolf Steiner hat einen ähnlichen Weg in die geistigen Welten beschrieben, wie es heute in den Fantasiereisen üblich ist. Es ist eine Art der konzentrativen Sammlung, etwa indem man sich auf irgend eine Kerze oder ein Samenkorn konzentriert und dadurch in die höheren Welten aufsteigt. Ähnlich auch Michael Ende. Es handelt sich um immer das gleiche Schema: die Versenkung in einen meditativen Zustand, so dass man in Kommunikation treten kann mit Geistern.

Eine dringende Warnung

Und so warnt auch Professor Franzke vor den Ängsten, die bei Kindern entstehen können, weil es ja nicht nur gute, sondern auch schlechte Mächte sind, wobei hier natürlich das Gebiet von weißer und schwarzer Magie betreten wird, die beide dämonisch sind.

Franzke schreibt:

> Es besteht der Verdacht, dass Stilleübungen und Fantasiereisen unsere Kinder mit unsichtbaren Wesen und Mächten in Kontakt bringen sollen, um Rat und Hilfe aus einer anderen Welt in Anspruch zu nehmen.

Manche Bücher aus der Schulliteratur gehen noch weiter und rufen regelrecht zu Hexerei- und Zaubereipraktiken auf. Wenn zum Beispiel vorgeschlagen wird: Ihr sollt euch unsichtbar machen, ihr könnt durch Gegenstände oder Körper sehen, in Körper reisen, in Körper sich verwandeln, sich in ein Tier verwandeln,

Wunschkerzen oder Steine ansprechen, übersinnliche Wahrnehmungsfähigkeiten entwickeln, in die Kindheit reisen, Orte der Kraft finden, magische Schwerter, magische Ringe usw.

Es ist heute ja schon fast »normal«: Von Gott wollen viele nichts wissen, aber die Esoterikwelle boomt stark durch die Massenmedien und sichtbar in vielen Buchhandlungen, wo die Esoterikecke sofort ins Auge fällt. Das wird dann eben nicht als Okkultismus oder Satanismus bezeichnet, sondern als Lebenshilfe – da muss man ganz aufmerksam die Dinge prüfen. Zaubergegenstände aller Art werden da angeboten: Zauberläden, Zauberstäbe, Zauberkräfte, Zaubersäcke, Zaubersamen, Zauberwälder, Zauberpferde, Zaubermäntel usw. Die Erwähnung dieser Dinge mag jetzt sicherlich nicht erbaulich sein, aber wir müssen diese Dinge doch zunächst erwähnen und prüfen.

Grundmuster okkulter Praktiken

Es gibt nach esoterisch-okkulter Vorstellung neben der sichtbaren Welt eine unsichtbare Welt. Das ist eine Gemeinsamkeit mit dem christlichen Glauben, dass wir auch wissen: Es existiert eine unsichtbare, geistige Welt, die über die sichtbare Ebene hinausgeht.

Und in dieser unsichtbaren Welt gibt es, das wissen wir als Christen auch, Geistwesen. Nach christlicher Sicht allerdings handelt es sich hierbei um zweierlei, wenn wir in die geschaffene, unsichtbare Welt blicken – die Welt Gottes ist natürlich außerhalb des Geschöpflichen. In der geschaffenen Welt sind es Engelwesen, die vorhanden sind. Aber es gibt eben auch Engel, die von Gott abgefallen sind, und das sind die Dämonen. Das sagt uns die Heilige Schrift ganz klar. Es existieren also die guten Engel – und es finden sich daneben die bösen, von Gott abgefallenen, Dämonen, die bösen Geister.

Auch die Esoterik weiß um geistige Wesen, aber für sie gibt es diese im Wesentlichen als die guten Geister, die dem Menschen helfen, dass er selber sein Bewusstsein erweitert, dass er übernatürliche Kräfte erlangt usw. Dies ist gerade die Verführung Satans, den Menschen selber zum Gott zu machen. Er denkt, er brauche keinen Gott mehr und habe selber göttliches Wissen und göttliche Macht. Das ist aber gerade die Verführung. In der Esoterik wird behauptet: Göttliches Wissen und göttliche Macht im Menschen sei ja das Gute. Hier wird alles umgedreht, was die Bibel – etwa in 1. Mose 3 – sagt.

Der Mensch selber ist ein unsterbliches, geistiges Wesen, also nicht nur mit Leib, sondern dieser Leib ist nur wie eine Hülle, die er irgendwann ablegt, sagt der Okkultismus. Und deshalb kann man nach dieser Ansicht mit Verstorbenen kommunizieren durch Spiritismus, was die Bibel strikt verbietet, weil der Mensch dadurch nicht mit den Verstorbenen in Kontakt tritt, sondern mit Dämonen-Geistern, die sich als solche verstorbenen Menschen ausgeben. Diese okkulte, übersinnliche Welt soll erreicht werden und die Tür dahin soll geöffnet werden durch okkulte Praktiken, etwa durch außerkörperliche Seelen- und Astralreisen.

Die Grundformel der Magie, wie sie auch Prof. Franzke wiedergibt, lautet:

Wille + Imagination + magische Trance ergibt den magischen Akt.

Das heißt, der menschliche Wille, sich darauf einzulassen, ist vorhanden. Dann folgt die Imagination oder Visualisierung. Man stellt sich also diese übersinnlichen Dinge vor und versenkt seinen Geist hinein, sodass mein Geist mit diesem Geist in Verbindung tritt. Und dazu dient dann die Versenkung in Trance oder ekstatische Zustände, was dann den magischen Akt ergibt. Dieses Muster findet man sowohl im Schamanismus als auch im fernöstlichen Religionsbereich, im Hinduismus und Buddhismus.

Im Schamanismus ist es so, dass man ständig gewisse Rhythmen, etwa Trommelrhythmen, wiederholt. Vielleicht hat man das in Afrika schon gesehen, dass die Eingeborenen ständig ihre Trommelrhythmen wiederholen, bis der Verstand entleert wird, wobei sie um das Lagerfeuer tanzen, sodass die Geister irgendwann in die Menschen hineinfahren sollen. Und auch im fernöstlichen Religionsbereich sollen die heilige Silbe »Om« und ähnliche Mantratechniken ständig wiederholt werden sollen, bis der Mensch seinen Geist entleert hat und dann auch die Dämonen leicht Besitz nehmen können und die Besessenheit eintritt.

Was Gott dazu sagt

Ich möchte eine Bibelstelle dazu zitieren, in welcher sämtliche okkulten Praktiken aufgezählt sind, und zwar ist es 5. Mose 18,9-14:

- *»Wenn Du in das Land kommst, das dir der HERR, dein Gott, geben wird, dann sollst du nicht lernen die Gräuel* (d. h. Abscheulichkeiten) *dieser Völker zu tun. Dass nicht jemand unter dir gefunden werde* (und jetzt werden diese Praktiken aufgezählt, die Gott ein Ekel sind, die Gott ablehnt),
- *der seinen Sohn oder seine Tochter durchs Feuer laufen lässt* (– wenn z. B. jemand über glühende Kohlen läuft. Da soll Unverletzlichkeit demonstriert werden: dies geschieht aber durch dämonische Einflüsse und Innewohnung von Geistwesen.), *oder Wahrsagerei betreibt, Hellseherei, geheime Künste*

oder Zauberei treibt oder Bannungen oder Geisterbeschwörungen oder Zeichendeuterei vornimmt. (Zur Zeichendeuterei gehören Horoskope in der Astrologie, was ja sehr verbreitet und Gott ein Ekel ist, wie hier steht. Denn hierbei vertraut man nicht auf Gott den Schöpfer, sondern verehrt die Geschöpfe in einer unzulässigen und völlig abwegigen Weise, und es sind dabei ja reine Zufallstreffer. Denn die Sterne besitzen keine Macht, sondern nur die Dämonen, die diesen Aberglauben ausnutzen.)

- »... *oder die Toten befragt. Denn wer das tut, der ist dem HERRN ein Gräuel und um solcher Gräuel willen vertreibt der HERR, dein Gott, die Völker vor dir. Du aber sollst untadelig sein vor dem HERRN, deinem Gott. Denn diese Völker, deren Land du einnehmen wirst, hören auf Zeichendeuter und Wahrsager. Dir aber hat der HERR, dein Gott, so etwas verwehrt.*«

Das Heidentum, das damals um Israel herum war und heute ja genauso verbreitet ist, ist dem Herrn ein Gräuel. Die übersinnliche Kontaktaufnahme (von unten nach oben) ist Gott ein Gräuel, denn Gott offenbart sich souverän. Er empfiehlt uns keine Methode, um unseren Leib zu verlassen.

Gott selber kann dies zwar schenken. Beim Propheten Hesekiel geschah es, dass Gott ihn auf übernatürliche Weise durch das Land führte. Aber auf keinen Fall kann oder soll man so etwas selber herbeiführen, sondern es so stehen lassen, wie es der Herr durch seine Offenbarung dem Menschen schenkt. Es handelt sich um einen souveränen Offenbarungsakt Gottes - im Unterschied zu eigenmächtigen Wegen, die von unten nach oben in die unsichtbaren Geheimnisse Gottes eindringen wollen. Denn die Selbsterhebung von unten nach oben ist der Weg der Schlange (nach 1. Mose 3). Man denke an die vier Lügen der Schlange, die dem Menschen suggerieren: Ihr werdet sein wie

Gott, ihr werdet übersinnliche Erkenntnisse erlangen, ihr werdet nie sterben, wenn ihr Gottes Gebot übertretet und: »Sollte Gott gesagt haben ...?«

Eine abschließende Klärung

Ich will es noch einmal betonen, damit wir den Unterschied klar verstehen: Eine Kerze oder ein Kreis ist nicht an sich irgendetwas Okkultes. Auch ruhige, meditative Musik muss noch nicht mit dämonischen Mächten in Verbindung stehen – ich höre auch gerne klassische, ruhige Musik. Aber wann wird es gefährlich? Dann, wenn es mit einer gewissen Zielsetzung eingesetzt wird. Denn einer Fantasiereise ist schon ein gewisses Ziel vorgegeben: dass man den Körper verlässt. Und deshalb, wenn die Kerze oder ähnliches dazu benutzt wird, wird sie als Element in dieses Ziel, in diese Straße hineinbegeben, die dabei beschritten wird.

Ich will es einmal so vergleichen: Wenn Sie eine Eisenbahnlinie sehen, dann erkennen Sie am Schienenverlauf verschiedene Schwellen. Die einzelnen Gleisschwellen sind neutral, aber die Schienen laufen in eine bestimmte Richtung. Da ist die Richtung vorgegeben und wenn man sich in den Zug setzt, dann fährt der Zug dahin, wo ihn die Schienen hinlenken durch ihre Bauweise.

Was will ich damit sagen? Wenn Sie einzelne Elemente haben, sind das sozusagen die einzelnen Gleisschwellen. Die Schienen sind die Methode, die die Richtung vorbestimmt, die das Ziel vorwegnimmt. Solche Elemente also wie eine Kerze oder ein Kreis können für sich so wie die Schwellen relativ neutral sein, solange sie noch keine Richtung vorgeben. Aber die Schienen, also die Fantasiereise oder das Mandala (mit der trichterförmigen Versenkungsmethode in die Zentrierung des inneren Auges), ist schon eine vorgegebene Zielsetzung, die den Menschen in die Trance hineinführen soll. Und deshalb ist das dann nicht mehr neutral, wenn die Methode das Einzelelement bestimmt.

Wir sollen also nicht alle Kerzen aus dem Haus hinauswerfen, sondern die Kerze nicht einsetzen für eine Meditationsmethode oder für Fantasiereisen oder ähnliches. Das wollte ich damit sagen.

Es ist wichtig, dass wir okkultfreie Schulen und Kindergärten schaffen, dass wir christliche Bekenntnisschulen fördern, wo solche Dinge hoffentlich nicht praktiziert werden.

Anhang: Das Wesen des Okkultismus und der Weg zur Befreiung

1. ***Definition und Wesen des «Okkultismus«***
(lat. occultum = das Geheime) ist die Lehre vom Geheimen, Verborgenen, von der unsichtbaren und übersinnlichen Welt, biblisch-theologisch beurteilt: vom Aberglauben und Dämonischen. Okkultismus wird heute eher mit dem nicht so negativ klingenden Begriff »Esoterik« bezeichnet (griech. esoteros = das nach innen Gekehrte, das Geheime). Es gibt Tausende Formen des Okkultismus (z.B. Hellsehen, Wahrsagen, Spiritismus, Magie, Zauberei, Astrologie, okkulte Heilpraktiken usw.). Bei näherer Betrachtung bemerkt man, dass alle okkulten Methoden letztlich auf das gleiche Grundmuster zurückzuführen sind, da sie derselben Quelle entstammen. Und dieses Grundmuster ist uns in der Heiligen Schrift in den vier Lügen der Schlange (Satans) in 1. Mose 3,5 geoffenbart. Sie lassen sich so zusammenfassen:

- Erste Lüge: »Sollte Gott gesagt haben...?«: Die erste Lüge ist die Leugnung der Autorität Gottes. Diese Lüge verbirgt sich hinter der Frage »Sollte Gott gesagt haben?«. Durch diese raffinierte Formulierung wird Gottes Autorität, insbesondere die Offenbarung in seinem Wort, in Frage gestellt. Auch die heutigen Esoteriker, Gurus und New-Age-Propheten wollen Gottes Wort, die Bibel, relativieren. Das geschieht z.B., indem sie der Bibel keinen größeren Wert als den Schriften nichtchristlicher Religionen einräumen, indem sie ihre eigenen »Inspirationen« und »Erleuchtungen« über die Bibel stellen oder indem sie biblische Aussagen, die ihnen nicht passen, einfach umdeuten. Auch die Gültigkeit der Zehn Gebote wird bestritten, indem man sie als Erfindung des Mose und zeitbedingte Moral hinstellt.

Das Motto der Okkultisten und Satanisten hingegen lautet: »Tu, was du willst – das sei das ganze Gesetz.« Kommt uns diese Denkweise im »Zeitalter der »Selbstverwirklichung« nicht auffallend bekannt vor?

- Zweite Lüge: »Ihr werdet keineswegs des Todes sterben«: Die zweite Lüge bezieht sich auf die Leugnung der Endgültigkeit des Todes. Sie soll den Menschen, der sich über Gottes Wort und Ordnung hinwegsetzt, in Sicherheit wiegen. Sie lautet: »Ihr werdet keineswegs des Todes sterben.« Wir wissen, dass dies nicht stimmt. Um sich dennoch zu behelfen, haben die Okkultisten, die östlichen Religionen und die New-Age-Bewegung – inspiriert von den Dämonen - eine Lehre entwickelt, die ebenso unbeweisbar wie unmoralisch und verderblich ist: die Lehre von den wiederholten Erdenleben, der Reinkarnation. Diese vertröstet den Menschen, der mit seiner Schuld nicht fertig wird und vor Gott davonläuft, auf immer weitere Existenzen, die es aber nach klarer biblischer Aussage nicht gibt. In Hebr 9,27 lesen wir: »Es ist dem Menschen gesetzt, einmal zu sterben, danach aber das Gericht.« Wer der Lehre der Reinkarnation folgt, verpasst die Chance, jetzt zu Gott umzukehren, und geht auf ewig verloren.
- Dritte Lüge: »Ihr werdet sein wie Gott«: Die dritte Lüge ist die Behauptung, der Mensch habe göttliches Wesen. Diese ist die Hauptlüge der Dämonen: »Ihr werdet sein wie Gott.« Die Bibel sagt, dass Gott den Menschen »nach seinem Bilde« geschaffen hat (1. Mose 1,27). Hier aber wird die Erschaffung »nach dem Bilde« Gottes zu einer »Gottwerdung« des Menschen verändert, was etwas völlig anderes ist. Eine Fotografie von mir z.B. bin keineswegs ich selber, und ebenso wenig wird der Mensch, der

»nach dem Bilde« Gottes erschaffen ist, mit Gott identisch. Wo er sich das dennoch anmaßt, zieht er den Zorn Gottes auf sich. Als Folge davon wird er von Gott getrennt und aus dem ursprünglichen Paradies der Gottesgemeinschaft vertrieben (1. Mose 3,23f.). Wiederum vertuschen die Esoteriker, Gurus und New-Age-Propheten diese Tatsache, indem sie behaupten, es gebe gar keinen persönlichen Gott, sondern nur eine unpersönliche Urkraft, eine kosmische Energie, Brahman, Gaia u.a. Diese sei »Gott«. Sie finde sich überall – sowohl im Kosmos als auch im Menschen -, und der Mensch könne sie durch Bewusstseinserweiterung, durch Freisetzen seines verborgenen Potentials, durch Selbstverwirklichung, Versenkung, Meditation usw. in sich entdecken oder sich ihrer durch okkulte Praktiken bedienen. Der bekannte Dogmatiker Karl Heim bezeichnet diese »Konzentration des Menschen auf sich selbst«, die »hinter dem ganzen Heidentum in allen seinen Abwandlungen« steht, als »die eine Grundsünde des Menschen« (Das Heil der Welt, 1986, 117).

- Vierte Lüge: »Eure Augen werden aufgetan ...«: Die vierte Lüge ist die Behauptung, der Mensch habe göttliches Wissen. Die angebliche Fähigkeit des Menschen zur Bewusstseinserweiterung wird in den Worten zum Ausdruck gebracht, die lauten: »Eure Augen werden aufgetan ... und ihr werdet wissen, was gut und böse ist.« Wurde in der dritten Lüge dem Menschen göttliches Wesen versprochen, so ist es hier das göttliche Wissen. Der Mensch soll zur »Erleuchtung« gelangen und sich so seine eigene Welt, sein eigenes Universum schaffen, in welchem er als allwissender »Gott« regiert. Doch was geschieht in Wahrheit? Der Mensch erhält keine wirkliche göttliche Erkenntnis, sondern lediglich die Erkenntnis seiner eigenen Schuld und Gottesferne. Er erkennt seine Verlorenheit vor dem heiligen Angesicht des lebendigen Gottes. In 1. Mose 3,7 heißt es: »Da wurden ihnen beiden die Augen aufgetan, und sie wurden gewahr, dass sie nackt waren, und flochten Feigenblätter zusammen und machten sich Schurze.«

Hinter dem Okkultismus – auch in seinen positiv scheinenden Formen (weiße Magie, Heilungszauber, missbräuchliche Anwendung von christlichen Formeln oder Bibelversen) - verbirgt sich zuletzt immer die Macht Satans, der den Menschen vom rettenden Glauben an Gottes Sohn Jesus Christus und Sein stellvertretendes Opfer für uns am Kreuz auf Golgatha abhalten möchte. Satan möchte nicht, dass Menschen gerettet werden, sondern dass sie zu ihm in die Verdammnis kommen und ewig verloren gehen. Jesus dagegen möchte uns einladen in Sein Reich der Reinheit und des Lichts, in dem keine Träne mehr geweint wird und der Tod besiegt ist.

2. Befreiung aus dem Okkultismus

Wie können Menschen von okkulten Bindungen frei werden? Hierzu können folgende Schritte dienen:

- Zuerst sollte der okkult Behaftete dazu geführt werden, seine Schuld zu erkennen und zu bereuen. Das kann dadurch geschehen, dass man ihn die Bibelstellen aufschlagen lässt, die das okkulte Tun verwerfen und als schwere Sünde vor Gott brandmarken. Wichtige Stellen sind: 3. Mose 19,4.26.31 (Götzendienst, Wahrsagerei, Zauberei, Geisterbeschwörung, Zeichendeuterei); 5. Mose 18,9-14 (Feuerlaufen, Wahrsagerei, Hellseherei, okkulte Praktiken, Zauberei, Bannungen, Geisterbeschwörung,

Zeichendeuterei, Totenbefragung); 2. Kön 23,4f. (Götzendienst, Astrologie); Jes 47,12-14 (Beschwörungen, Zauberei, Astrologie); Jer 10,1-16 (Götzendienst, Astrologie); Jer 27,9f. (falsche Propheten und Traumdeuter, Wahrsagerei, Zeichendeuterei, Zauberei); Hes 13 (falsche Propheten, Visionäre und Friedensapostel); Apg 19 (Zauberei); 1. Kor 10,20 (Götzendienst, heidnische Religionen); Gal 5,19-21 (Götzendienst, Zauberei); Offb 21,8; 22,15 (Götzendienst, Zauberei).

- Danach sollte der okkult Behaftete bekennen, auf welchen Gebieten er sich okkult betätigt und was ihn in diese Betätigung geführt hat. Nur dann nämlich, wenn die Sünde offengelegt wird, kann ihre Macht gebrochen werden. Dabei ist es auch nötig, etwa das persönliche Mantra preiszugeben oder die okkulten Bücher, Zaubertexte, Götzenfiguren, Glücksbringer, Amulette und ähnliches auszuliefern und zu vernichten. Von all diesen Dingen muss er sich radikal trennen.
- Sind alle okkulten Verstrickungen bekannt und alle okkulten Gegenstände vernichtet, dann kann die Befreiung erfolgen. Sie umfasst die Lossprechung des Gebundenen im Namen Jesu, die Inanspruchnahme des Erlösungsopfers Jesu am Kreuz und die volle Übergabe des Lebens an Gott. Kurt Koch schreibt zu Recht: »Wer frei werden will, muss die Bereitschaft haben, sein Leben völlig Christus anzuvertrauen. Sonst gibt es keine Lösung aus all den Banden« (Okkultes ABC, 757). Detmar Scheunemann nennt folgendes Beispiel für ein Lossagegebet: »Ich sage dem Teufel und allen seinen Werken ab. Er hat keinerlei Anrecht mehr auf mein Leben. (Nun folgt die namentliche Nennung aller okkulten Praktiken.) Im Namen Jesu löse ich mich davon. Ich übergebe jetzt mein Leben dir, Gott Vater, Sohn und

Heiliger Geist. Nur dir will ich folgen und dir bis ans Ende meiner Tage vertrauen« (Evangelisation unter Okkultisten und Spiritisten, in: Alle Welt soll sein Wort hören. Lausanne-Dokumente, 1974, 1185).

Jetzt gilt es für den Freigewordenen, im Glauben an Jesus Christus fest zu werden und zu wachsen. Nur so können Angriffe aus der dämonischen Welt abgewehrt und eine neue Behaftung verhindert werden. Dazu können dienen: eine dauernde seelsorgerliche Begleitung; die Einbindung in eine Gemeinschaft gläubiger Christen; regelmäßiges Bibelstudium und Gebet; die Inanspruchnahme des Sieges und Schutzes Jesu; die Stärkung durch das Mahl des Herrn; der Abbruch aller okkulten Freundschaften und Kontakte; die völlige Auslieferung aller Lebensbereiche an Jesus gemäß seinem Wort. Ist dies alles geschehen, dann darf der Betreffende erfahren: Jesus ist Sieger. Jesus befreit.

Zur Vertiefung siehe: Gassmann / Kotsch (Hrsg.): Kleines Esoterik-Handbuch.